원종태 시집

시로 쓴 생물도감

.

시로 쓴 생물도감

인쇄 · 2025년 12월 1일 | 발행 · 2025년 12월 10일

지은이 · 원종태
펴낸이 · 한봉숙
펴낸곳 · 푸른사상사

주간 · 맹문재 | 편집 · 지순이 | 교정 · 김수란
등록 · 1999년 7월 8일 제2-2876호
주소 · 경기도 파주시 회동길 337-16(서패동 470-6) 푸른사상사
대표전화 · 031) 955-9111(2) | 팩스 · 031) 955-9114
이메일 · prun21c@hanmail.net
홈페이지 · http://www.prun21c.com

ISBN 979-11-308-2344-4   03810
값 12,000원

이 책은 경상남도, 경남문화예술진흥원의 문화예술 지원을 보조받아
발간되었습니다.

푸른사상
시선

219

시로 쓴 생물도감

원종태 시집

푸른사상
PRUNSASANG

숲은 이를테면 서양식으로는 생물 코뮌

동양식으로는 생명 그물 인드라망

주석이 필요 없는 경전

해설이 필요 없는 고전으로 가득한 도서관이다

나드는 문도 없고 벽도 없고 지붕도 없다

무엇이든 읽어도 되지만 읽지 않아도 좋다

이곳에서 독서법은 걷는 것과 침묵하는 것

숲은 과묵하여 우주의 푸념을 다 들어주고는 소문 내지

않는다

그리하여 새와 짐승과 풀과 나무의 비밀은 영원에 가깝다

숲을 걸으면서 틈틈이 만난 것들로

네 번째 시집을 낳았다

쓸모없는 것들,

다시 숲으로 돌아갈 것이다

2025년 11월
원종태

| 차례 |

■ 시인의 말

제1부

6

| 차례 |

제3부

제1부

작은 도서관

책을 넣었는데 새가 나온다

딱새 부부가 작은 도서관 도서반납함에 둥지를 틀었다
책 한 권이 들어갈 구멍은 새가 나드는 문
암컷은 알을 품고 수컷은 계속 밥을 나른다
딱새는 삼천지교를 꿈꾸는가
인간의 눈으로는 딱한 새일 뿐인데
위태한 곳이 안전한 곳
도서관을 오가는 사람들이
고양이 까마귀 같은 천적들로부터 지켜주리라
가느다란 믿음이 있기 때문일까
차라리 모르는 것이 도와주는 것
무심함이 새를 잘 키울 수도 있다
딱새 부부는 느슨한 도서반납함 어깨 위로 빠르게 나든다
알이 깨어났는지 부부가 교대로 쉴 새 없이 먹이를 나른다
사서는 산딸나무 꽃잎 같은 방을 붙였다
이곳에 새 생명이 자라고 있어요
아이들이 커서 날아갈 때까지
도서반납일을 연기합니다

독수리의 부고

햇살도 쨍 얼어붙은 하늘은 높고
천상과 지상을 연결하는 틈 사이로 바람이 일고
바람 사이를 혼령처럼 미끄러지는 검은 날개

붉은 해가 대지를 비추면 바람 기둥을 타고
하늘로 솟아오르는 너는 중력의 반중력
그 어떤 가벼움보다 가볍고 그 어떤 의무로부터 멀다

탈진한 몸을 타고 막간의 깊은 고요 위에
연처럼 가부좌를 틀고 수행정진하는 너는
바람의 실존이자 아무런 주석도 필요 없는 경전
오직 현재를 날고 있을 뿐이다

수만 리 몽골고원에서 날아온 독수리 한 마리
대륙의 끝 얼어붙은 갯벌에서 객사하다
하늘이 내려앉은 바다에 빛나는 윤슬

조문 온 독수리 떼는 검은 몸을 상승기류에 싣고

하늘 높이 올라 점점 멀어진다
내일이면 고비사막의 고요에 닿을 것이다

천상과 지상의 틈은 더욱 멀고 더욱 가까워진다

뻐꾸기는 왜 아프리카로 날아가나

어떤 도요새 무리는 호주나 뉴질랜드에서 출발해

적도를 건너 우리나라 갯벌에 앉는다

얼마간 지친 몸을 추스르고는 땅이 녹고

봄이 폭발하는 시베리아 알래스카 번식지로 날아간다

독수리는 고비사막 태양의 계곡이 얼어붙을 때

몽골 평원의 상승기류를 타고 한반도에 겨울을 몰고 왔다
가

날개에 봄을 싣고 고향으로 돌아간다

철새들은 주로 남북으로 위도 이동을 하는데

뻐꾸기라는 족속은 동서로 경도 이동을 한다

지구의 자전을 거슬러 먼 곳 아프리카로 간다

뒷산에서 함께 울던 뻐꾸기가 황해를 건너

중국 인도 미얀마 아라비아해를 넘어 아프리카 동부까지

1만 2천 킬로미터를 날아갔다 가을에 떠나 겨울에 도착했다

이곳은 겨울인데 그곳은 사막이다

봄에 떠나 여름에 역순으로 돌아올 것이다

뻐꾸기는 왜 아프리카로 날아가나

수백만 년 전 우리가 하나의 대륙이었던 때를 기억하기

때문일까

　당신이 그곳에 판 우물이 아직도 빛나고 있기 때문일까

　고행길을 떠나는 성자처럼 뻐꾸기는 가고 또 온다

　도무지 종잡을 수 없고 알 수 없는 저 길 뻐꾸기 로드를

생각하다가

　숲을 흔드는 새들의 대화를

　꽃이 피어나는 소리를

　섬 위를 지나는 달빛을

　허공에 줄을 던져 바람을 잡고 날아가는 거미를

　어떻게 노래하고 그리고 쓸 수 있겠는가

　수천 마리의 새 떼가 비행기보다 더 높게 날아가고 있다

동박새 한 마리가 지구를 멈춘다

출근길이었는데 차들이 멈춘다 갑자기
막 둥지를 벗어난 노란 주둥이 한 점
도로 황색 중앙선에 껌딱지처럼 붙어 있다
이러지도 저러지도 못 하고
파르르 눌어붙어서 떨고 있다
도롯가에서는 엄마 새가 동동
찍찍 힘을 내라고 울어 쌓는데
근처 밭에는 투명한 그물이 날개를 펴고
산기슭에는 길냥이 밥그릇이 입을 벌리고
세상은 참 험하다
차들은 일제히 눈을 동그랗게 뜨고
멈춰서 잠깐 멈춰서는
동박새 새끼를 응원한다
엄마한테 가라 어서 숲으로 가라
엄마가 기다린다 엄마가 울고 있다
집으로 가라
손 한 모금 크기밖에 되지 않는 동박새
얄궂은 새 한 마리가 가끔은
지구를 멈추기도 한다

숲새

이삿짐을 싣고 1톤 트럭이 지나간다
세간들이 오랜만에 서로 껴안고
부동자세로 굽은 길을 흔들리며 간다
좁아진 집에 맞추기 위해
또 많은 것을 버렸을 것이다
시간이 지날수록 왜 작아만 지는지
딱지 붙이고 헤어진 것들을 뒤돌아보는지
세간들의 수군대는 소리가 햇볕에 반짝인다

트럭이 지나간 도로에 동그란 물체가 떨어져 있다
이삿짐에 함께 오르지 못한
방구석에 뭉쳐진 보푸라기처럼
동그랗게 누워 있는 작은 새
한 모금 손안에서 따뜻하다
바람도 가끔은 그물에 걸리는지
불안의 부스러기를 쪼아 먹던 작은 새여

멀리서 오래된 우리가 손을 흔들고
가까이서 숲새가 운다

칼새

초승달처럼 날카롭고 둥근 것이
방금 해안 절벽을 자르고 사라졌다

오직 날기 위해 태어난 새
땅에 앉지 않기 위해 칼바람에
발목을 잘라버렸다
움켜쥘 그 무엇도 포기하고
오직 일생을 공중에서 살기 위하여
제 몸보다 긴 날개를 선택했다
천 길 절벽에서 나서
지상의 것이지만 지상을 버리고
하늘에서 먹고 사랑하고 잠든다
비가 오면 비구름 위에서 노닌다

칼로도 바람을 쓰다듬을 수 있는
경지에 이르러
이주불안증으로 빛나는 나침반

쌍봉낙타는 모래사막을 건널 때
산맥 같은 혹에 양식을 준비하지만
칼새는 무소유의 탁발승
발우도 없이 바다 사막을
북반부에서 남반부로
적도를 건너간다

칼새는 삶과 죽음을 우연과
초승달처럼 외롭고 둥근 날개에 맡긴다

바위를 품는 새를 보았다

새 부부가 바위에
둥근 집 한 채 올렸다
불안의 부스러기를 모아
석탑 위에 목탑을 쌓고
깊은 계곡에 쌓아올린 탑
사리 같은 작은 돌들을 낳았다
돌을 품는 새
불안을 쪼아먹던 작은 부리는
소리도 한방울 흘리지 않는다
굴피나무 잎사귀 사이로 저녁이
드는 것을 함께 보는 것이 좋았다
어린 돌들이 깨어나자
부모는 번갈아가며 붉은 젖을 물렸다
바위는 오래전 아이를 키우던
때를 생각하며 가슴이 봉긋해졌다
새끼들의 발자국 소리
밥을 재촉하는 노랑 부리 얼굴들
해가 뜨자 아이들이 떠난다고 부산하다

층간소음도 그리워지겠지
멀리 보고 뛰어라
그렇다고 너무 멀리는 보지 말고
바위는 허리를 굽혔다가
아이들을 허공으로 튕겨준다
소행성 몇 개
우주의 새로운 궤도로 진입한다

굴뚝새

어쩌다 도시의 골목을
떠다니는 냄새와 마주칠 때가 있다

날리던 연이 꺼꾸러지고 어둠이 내리면
우리는 빨리 가서 소죽을 끓이자
물을 붓고 썩두로 볏짚을 써릴 때마다
나는 팔 힘이 왜 이리 약할까
빨리 어른이 되고 싶었다
고구마 줄기 콩깍지 쌀딩기 몇 됫박을 넣고
한 아궁이의 끌티는 타닥타닥 탄다
심심한 부지깽이로 땅바닥에 글씨도 그려보면서
내일은 닭알을 주워다 과자와 바꿔 먹어야지
소죽은 허연 김을 내며 풀풀 끓고
굴뚝새 한 마리 포르르 총총 날아간다
어떤 날은 검은 굴뚝 연기가 함박눈을 삼키는 것을
하염없이 바라보기도 했다
또 부석에서 군고구마를 꺼내 먹을 때 달이 뜨기도 했다

어쩌다 새로운 거리에도

다시는 오지 않을 냄새가 난다

호랑지빠귀 우는 밤

두괄식으로 운다
질러 운다
울음이 전부다

누구나 그런 때가 있다
저 새처럼
뭔가 토할 것이 있는 것이다
온몸을 접어서
밤의 골짜기에서 새어나오는
붉음의 최고조음

푸른 동이 트면
각혈 같은 백일홍 백일홍
자욱하게 쌓인 무덤

새를 심었는데 꽃이 피었다

지난가을 새 한 마리가
땅속으로 날아 들어갔다
걱정하지 말아라
땅은 새를 포근하게 안아주었다
붉은 새를 심었는데
연두색 부리가 솟아나왔다
겨울과 봄 사이에 무슨 일이 있었던 것일까
초록 새떼들이 파닥파닥 하늘로 날아오른다
전생에 올랐던 가장 높은 곳까지 날아오른다
붉은 새를 심었을 뿐인데
천방지축 색깔의 꽃이 피었다
새는 풀씨 한 자루였던 것이다

흰눈썹황금새의 탄생

검은 숲에 안개가 수묵화를 그린다
초록은 초록에서 초록까지 만 가지 빛깔
햇빛은 초록의 우듬지에서 어쩔 줄 몰라
머뭇거리다 반짝반짝, 우주로 돌아간다
빛이 밝을수록 숲은 더욱 어두워지기로 했다
바람 불자 검은 이파리 사이로 햇살은
작은 종소리를 내며 쏟아져 내린다
황금빛 방울소리가 울린다
역광의 실루엣에는 많은 것이
묽어지며 멀어지기도 한다
소리에는 배고픔이 묻어 있다
새는 이 숲을 놀라게 하리라
방금 알에서 깨어난 새끼는
샛노란 주둥이로 샛노란 나팔을 분다
주둥이가 얼굴을 삼키고
소리가 숲을 빨아들인다
생계만큼 위대한 일도 없다
생계를 이길 것은 아무것도 없다

부부는 주경야경 이 숲의 위대한 노동자

낮에는 깃털을 뽑고 밤에는 두려움을 마신다

새벽 어둠이 헐거워지자

웅크렸던 소리들이 튀어 올라

우주의 옆구리를 가른다

황금빛 태양이 솟아오른다

조류 충돌

이별을 통보하기 위하여 만 리를 날아온 새

붉은배새매 한 마리 죽어 있고

하늘 높이 새 떼가 빙빙 돌고 있다

이별을 통보하기 위하여 만 리를 날아가는 새 떼

제2부

일보일배 일체투지

숲을 지키기 위하여

삼보일배 오체투지하는데

비 내리는 바닥에

일보일배 일체투지하시는

거제외줄달팽이 한 분

달팽이 성자

달팽이가 성자에 가까운 것은
꼭 느린 동물이어서가 아니다
가장 낮은 곳으로 기어다니며
가장 낮은 음으로 울기 때문만도 아니다
달팽이는 길이 막히면 달집에 몸을 말아 넣고 생각에 잠
기는데
그 생각이 깊고 오래간다
아무리 기다려도 쉽게 입술을 꺼내지 않는다
겨울은 더욱 생각하는 시간이다
돌 속에 들어가 면벽수도 하는데
돌이 봄비에 잠겨서야 겨우 가부좌를 푼다
사람들은 흔히 겨울잠을 자는 것으로 알 뿐이다
햇볕으로 주변이 소란하면 또 말문을 닫고
달궁에 몸을 말아 넣고 궁리에 빠지는데
사람들은 여름잠을 잔다고 한다
네 개의 눈은 바깥보다는 내면을 향한다
자신의 가장 깊은 곳까지 눈을 넣어
자신을 바라볼 수 있는 거의 유일한 자이다

무언가 눈에 닿았을 때 그것을 살피기 위해 눈을 크게 뜨
는 것이 아니라
자신 속으로 눈을 밀어 넣는다
이때가 가장 빠를 때이다
되도록 가깝거나 먼 곳을 보지 않음으로써
관심의 고통으로부터 멀어지는 법을 안다
근육과 뼈는 부드럽고 물렁물렁하여
남을 다치게 하지 않을 뿐 아니라 자신도 다치지 않는다

충무띠달팽이

충무는 없어졌지만 충무띠달팽이는 살아남았다
충무시가 통영시로 바뀌었지만
충무김밥 그 이름이 남아 있는 것처럼
누구나 알겠지만 달팽이는 적의가 없고 느리기 선수다
이른바 식물성 동물이라고 할 수 있는데
적을 만나면 둥근 뿔은 오히려 뒷걸음친다
그런데 달팽이가
무와 전쟁을 숭상하는 충무라는 시호를 받은 것은
단지 본적지가 충무라는 이유일 뿐이다
대개 이름값을 못하는 경우가 허다하지 않던가
밥 따로 반찬 따로 시래깃국 따로 충무김밥도 그렇다
아니다 한려수도를 오가던 생활전선에 출정한 김밥은 다
를 수 있겠다
김밥도 달팽이도 돌돌 말린 것이 비슷하다면 비슷하다
김밥도 달팽이도 뭔가 결연한 머리띠를 묶고 있다
김밥처럼 배가 고픈지 달팽이 배꼽은 조여 있다
달팽이와 김밥은 삼도수군의 무대였던 충무를 출발해
한려수도 남해안이 주요 서식지이며 활동 무대다
충무는 없어졌지만 충무김밥과 충무띠달팽이는 살아 있다

도토리거위벌레의 낙법

여름 숲에 낭자한 초록
태풍도 비바람도 없는데
도토리나무 푸른 도사리들 수북하다

도토리거위벌레가 지상 20미터 높이에서
도토리 알에 자기 알을 낳고
서너 개 잎을 매단 채 떨어뜨린 것이다
알이 다치지 않도록
아이들 밥이 다치지 않도록
낙하산을 만들어 날려 보낸 것이다

날개도 낙하산도 없이
아파트 나무에서 아이들이 떨어진
어느 날이었다.

늦반딧불이

귀신을 본 적이 있나요
그러면 도깨비불은 어때요

늦여름과 초가을 막간에 얇은 바람이 이는데
그 바람 속에 피어난다는
반딧불이를 찾아간다

붉은 노을이 서서히 어둠에 묻히고
돌무덤에서 푸른 불이 돋아나는데

누구는 도깨비불 같다고 하고
누구는 푸른 귀신 같다고 하고
담을 뛰어넘는 고양이 눈 같다고 하고
천천히 흐르는 별똥별 같다고 하고

도깨비 귀신 고양이 별똥별은 조용하고
깊은 어둠 속에서 살고 빛나는 것

어둠을 주세요

어둠을 켜주세요

수달 천년

승려 혜통이 속인이었을 때, 어느 날 시냇가에서 놀다가 수달 한 마리를 잡아먹고는 뼈를 동산에 버렸다. 이튿날 아침 그 뼈가 없어졌다. 핏자국을 따라갔더니 그 뼈는 옛날에 살던 굴속으로 들어가 새끼를 끌어안고 웅크리고 있었다. 그것을 바라보고는 한참 동안 놀라워하고 머뭇거리다가 마침내 속세를 버리고 출가하였다.

다시 천년 후에, 어느 날 급히 달려가다가 도로에서 자동차에 깔려 죽은 수달 한 마리를 보았다. 타이어 자국 같은 검은 피도 말라버렸는데 쥐포 같은 납작한 몸을 흐느적흐느적 끌고 가는 그 가죽을 보았다. 어린것들에게 젖을 물린 자국이 찔레꽃 자리처럼 발그레했다. 어머니들에게로 유턴하는 속세의 자동차가 보였다.

인자한 고양이 씨

호랑이가 사라진 산에는 호랑이만 한 고양이가 산신각 산신령과 함께 산다.

산신각 300년에 도술을 부리는데, 한번 내뱉은 숨을 사흘 밤낮 들이마시지 않고 사방 십 리까지 부려놓았다가 온 산이 고요하게 자는 밤에 한 번 빨아들인다.

이때 산신각 마당에 새 떼가 후두둑 낙엽 지듯 떨어지는데, 신선술을 연마하는 고양이가 어찌 육식을 하겠는가.

도술만 보여줄 뿐 먹지는 않으니 인자한 것이다.

비명횡사한 새 떼는 족제비 오소리 너구리 쥐 까마귀 들의 밥이 되었다.

이를 천지불인이라고 한다.

고라니 눈에 찍히다

노루 사슴 고라니 같이 눈이 큰 아이들은
엄마 발목을 보고 따라다닌다는 글을 읽었다
천적의 발목을 보고도 천방지축 따라간다고 하는데
꽃 피는 봄날
물오르는 나무 발목을 보고 따라 나섰다가
길을 잘 잃어버린다

늦은 밤 잘못 든 산길에서
고라니 어린것이 자동차 불빛에 찍혔다
내가 고라니 그 맑은 눈에 찍혔다

귀뚜라미

귓속에 살던 귀뚜라미들이 튀어나와
저녁 숲에서 일제히 울어댄다
땅꼬마였을 때 내 귓속에
뛰어 들어갔던 작은 소음들

한 번도 울어본 적이 없는 것처럼
귀가 뚫어져라 운다
온몸을 접으며 운다
암벽에 부딪치는 파도처럼 운다

온몸을 울어대는 귀뚜라미로 하여
비로소 가을이 온다

내 안의 모든 것들이 달려나와 울 때가 온다

연목구어

섬은 제 높이보다 깊은 뿌리를 가졌다
섬은 바다가 피워 올린 꽃이니
꽃은 뿌리로 돌아간다

섬들이 저리 많은 까닭은
먼 길 가는 별들이 쉬어 가라고
먼 길 가는 새들의 길잡이 되라고
상여 앞에 노잣돈 점점이 뿌려놓듯

바다는 만삭으로 부풀어 오른다
만나면 헤어지고 차면 기우는 것이 천문이어서
별들이 익사하는 바다 아름답구나

바다는 둑을 넘어 보를 허물고
강을 거슬러 산을 무너뜨린다
민물고기는 소금에 쫓겨 점점 새가 되든지
바위 속으로 헤엄쳐 들어간다
스스로 그리는 암각화 아름답구나

나무화석에 주렁주렁한 푸른 물고기들

새들이 색즉시공 색즉시공 울면서

나타났다 사라졌다 바다를 건너가는

나무에서 물고기를 구한다는 오래된 이야기

물고기 풍경

물고기 풍경이 처마 끝에서 울고 있다
물고기들이 가을 강을
반짝반짝 차랑차랑 헤엄쳐 올라간다
물고기로 하여
강이 하늘이고 하늘이 강이 된다
물고기와 눈을 맞춰본 자는
물고기 눈 때문에 물이 맑은 것을 안다
물고기 눈물로 물이 맑아지는 것을 안다
그 물마저 버리고
속을 다 비운 채
푸른 하늘에 물고기 한 닢 떨고 있다

덤붕

논의 숨구멍
논바닥에 덤붕

아침밥 먹기 전에 한 번
학교 갈 때 한 번 학교 갔다 와서 한 번
퍼내도 퍼내도 마르지 않고
퍼부어도 퍼부어도 차지 않아

가끔은 새끼 붕어 한 마리 따라 올라왔다
하늘 구경 한 번 하고는
뜨거운 땅에 데여 파닥이던

제3부

나도수정초

파란 눈의 외계인이라고 부른다 아마도
안개와 비와 함께 유에프오를 타고 왔을 것이다
천상에서 두레박을 타고 왔을 수도 있다
지구는 기후 위기여서 우기의 봄장마
유에프오와 두레박이 자주 내려왔지만
때를 놓쳐 따라 올라가지 못했다
지구가 더 좋았기 때문일까
아이들을 많이 낳아 모두 품을 수 없었는지도 모른다
지구에 완전히 적응해버렸을까
사랑은 스스로 점점 퇴화하는 일
바위 속에 옷을 숨겨버린 나무꾼 때문에
잎도 없고 팔도 없고 희고 작은 겨드랑이뿐이다
수정처럼 맑고 투명한 계곡
천상에서 내려왔으나 승천할 수 없는 종족
승천을 포기한 낯선 종족
희디흰 날개는 언제나 돋아나나
오, 수정 같은 얼굴을 자꾸만 숙인다
올해도 틀렸다
바위 속으로 다시 걸어 들어간다

흰진달래

봄이라서 온몸에 열이 오르나
봄밤이라 잠이 안 오시나
봄바람처럼 뒤에서 살짝 안아보았을 때

만 가지 꽃 중에 한 가지 외로운 몸매
희디흰 꽃이라니
분홍빛 붉은빛 허니가이드 다 버리고
폐경이다

흰 구름이 산에 취해 해가 나온 줄도 모르고 늦게까지 노
닐다가는 다급하게 비를 쏟아붓고 산 고개를 넘어간 이른
아침이었다.

해당화

당신은 무슨 깃발 아래서 싸우나요

해당화가 정색을 하고 묻는다

꽃 피는 일이란 예비된 패배

아무런 승산이 없는 시간

그냥 흔들리는 것 그러나

진력을 다해 피는 것이라고 대답하려다가

모래언덕처럼 하나마나한 말의 끄나풀이여

청라의 물결 위에 붉은 잎 진다

당신은 무슨 깃발 아래서 싸우나요

꽃 피는 당신이 깃발이면서 왜 묻는가

바람꽃

바람에는 집이 없고 주인도 없어
오래된 나무 속에 도깨비를 부려놓고
어린 나무의 꽃눈을 틔운다
바람은 언제나 사랑을 갈아 치운다
때죽나무 새잎에 연둣빛으로 앉았다가
검푸른 솔가지에 화살로 지난다
꿩의바람꽃 둥근 그림자로 놀다가
참꽃마리의 초점을 흔들어버린다
양지꽃 위에서 노랗게 웅얼거리다가
애기나리꽃 가늘고 하얀 몸을 흔든다
원래도 없고 나중에도 없으며
떨림만으로 짐작할 뿐이다 바람은
바람의 소속이며 무소속이다
머물지 않는 자이다

수국

당신의 마음을 무슨 색깔로 그릴 수 있나

국수 한 사리 말아서 그 위에 고명으로 수국 잎을 올려놓았다

먹지만 말고 좀 보기도 하시라고

만발한 국수, 헛꽃의 쓸모

흑매

만인의 연인이지만
나만을 기다리지요

올해도 더 붉어지라고
만나러 가지 않아요

그런데 마음이
시속 100킬로미터로 달려가네요

검어지도록 붉어서
흑매라고 부른다는군요

감꽃

아버지는 일 나가고 엄마도
일 나가기 직전이었지 아마
기성회비 몇십 원인가
몇백 원인가 못 받아서 쩔쩔매던
그 삽짝 돌계단에 감꽃은 피었던가 졌던가
외양간 소는 죄 없는 흙벽만 쿵쿵 처박았고
기성회비인지 육성회비인지
누런 똥 종이 봉투였지요
그 봄날이
왜 갑자기 달려드나

막내 고모가 돌아가셨다
천리 길 서울특별시 상갓집에 모인 누런 감꽃들

산벚꽃

달리던 차가 멈췄다

운전사는 내리더니 이리저리 살핀다

필시,

바퀴에 꽃잎이 덜컹거려서 급정거를 했을 것이다

꽃잎 한 장 때문에 세상이 멈추기도 한다

먼 산에 산벚꽃 환하다

단풍

단풍은 빨치산처럼 내려왔다가
계곡을 타고 능선을 넘어 올라갔다

총을 들이대지도 않았는데
내 몸의 물든 것들을 우수수 털어갔다

붉은 달은 늙은 개처럼 동산에 턱을 괴고
물끄러미 마을을 내려다본다

음의 나무

산속을 헤매다 만난 거대한 나무는
둥치 속으로 들어가 한숨 잘 만큼 크고
지나는 바람을 모두 불러 모을 듯 높고 넓은데
일제히 흔드는 나뭇잎은 아이들 웃음소리 같아
이 숲에 큰 나무라면
느티나무 굴참나무 서어나무는 아닌데
그런데 가시 하나 없는 나무가 음나무라니
자신을 지키기 위하여 온몸에 세운 가시
초승달처럼 날카롭고 무수수하고
담벼락 위에 박아둔 소주병 조각처럼
적의는 빛나서 귀신조차 접근을 막았는데
가시 하나 없는 나무가 음나무라니
나무는 굵어지면서 가시를 버렸던 것이다
잃어버린 것이었다
언제부터 삶의 전략을 바꾼 것인지 알 수 없는데
둥근 몸을 둥글게 안고 가는 바람
늙어가는 것은 당당해지는 것이라고
저 거대한 나무,
침묵의 기세가 음음하다

족도리풀

팔만대장경 경판을 만들었다는 그 산에는
아직도 숯을 구워 팔던 숯굴이 많습니다
굴참나무 같은 총각들이
한 나무와 씨름하기를 사흘 밤낮
사흘 밤낮 불을 때서 만든다는 검은 참숯
다가오는 장날에는 삼십 리 길 어장주에게
숯을 팔아 옥비녀와 바꿔 와야지
옥비녀를 옥녀가 좋아할까나
해마다 숯굴 근처에는
비녀를 기다리는
족도리풀이 피어납니다
굴참나무 숲은 숯처럼 깊어집니다

진달래

벼락이 쳐서 바위가 갈라졌습니다

진달래 한 그루 그 바위에서 꽃을 피웁니다

억만 년을 살아온 바위 생각에는

진달래 뿌리가 벼락이었던 것입니다

꽃삽

작은 꽃삽이 허공을 파고 있다
부엉이 우는 밤을 건너서
안개를 한 모금씩 퍼내면서
영토를 확장해간다
바람이 불면
희고 작은 꽃삽에는
꽃자루와 뿌리와 대지가 매달려서
떨고 있다 검은 솔수펑이에
사원의 기둥처럼 둘러서 있는 나무들 사이로
작고 작은 고행자
흰 묘비처럼 빛나기도 한다
소낙비가 얼굴을 씻어주기도 한다
장마의 깊은 숲은 어둡고
나는 더 어두웠다 어두워졌다
혼자서 희게 피고 검게 진다
향기가 없어 벌 나비도 찾지 않는데
외로움을 아는 작은 새가
조용히 비켜서 날아간다

음지를 사랑한다

안구건조증으로 충혈된 산 불타는 나무
이 숲의 정보기관원들은 무작정
음지에서 일하고 양지를 지향한다
나는 양지를 싫어하지
음지에서 나서 음지를 지향한다
눈물이 마르지 않는 대지는
내 존재의 기반이지
쓰러진 나무를 흙으로 돌려보내는 것이 나의 일
가끔은 눈물이라든가 슬픔 같은 것도 분해한다
혁명은 무언가를 세우는 것이 아니라
아름답게 소멸하도록 도와주는 것이라고
음음하고 그럴듯하게 말한다
일부러 발톱을 세워 쓰러뜨리지 않는다
쓰러질 때까지 기다리기로 한다
기다림은 나의 혁명론
눈물이 없다고 남의 눈물을 훔쳐오지 않는다
스스로 젖어서 눈물을 만들고
눈물을 만들어서 스스로 젖는다

비의 스승이라고 할 만하다

나고 자라고 쓰러지고 사라지고 다시 돋는

지리한 동어반복의 숲속에

다람쥐눈물버섯 족제비눈물버섯

음음하다

연꽃씨 한 알

천년 폐사지 연못을 준설하자
연꽃씨 한 알
꽃을 피웠는데
굴삭기에 상처가 터진 까닭이다

나는 여러 생 동안
몸을 몇 번 바꾸었으나
연꽃씨는
알아보지 못할 것을 염려하여
몸을 한 번도 바꾸지 않았다

또 천년을 깜깜하고
잠깐 환하다

괭이눈

산기슭 밤 열차에 매달린 창문들

산복도로 따라 촘촘한 집의 불빛들

골목길 담장 아래 고양이들의 뜬눈들

가난한 집 아이들의 보석 상자들

최저생계비 같은 노란 얼굴들

가는잎그늘사초

계곡에서는 멀고 정상은
아직 더 먼 곳

숨이 턱턱 차오르는 산의
7부 능선에서 거웃거웃거린다

산거웃이라고 불렀다가
산거울이라고도 하는데

그늘이 좋아 그늘에 살지

하늘하늘 가는 잎의 긴 머리 소녀가
방금 감은 긴 머릿결

금방 피어오른 새벽
안개의 속눈썹

물매화의 사랑법

흐를 듯 말 듯
마를 듯 말 듯
고일 듯 고이지 않는
눈물이 모여 사는 곳
산지 습지에 물매화
속눈썹을 본 사람은 알지
내년에도 만나지 않는 마음을
사랑하므로 사랑하지 않고
사랑하지 않음으로써 사랑한다

그 꽃

여름 장마 빗속에서 피어
햇살 속에서 진다
향기는 비에 씻어 버렸다
선녀도 네 앞에서는
간을 씻을 것 같다
흰빛 안에 천 개의 흰빛
한 가닥 솔잎 같은
자색 낭자하다
오히려 외로워서 좋았다
오, 요절하는 것도 기쁨이리니

감나무 빌딩

감나무는 늘 한 자리에 서 있다

돌담에 기대어 있을 때는 마을 길가였다

한때는 신작로에 서서 날리는 먼지를 마셨고

간선도로에서 매연에 잠길 때도 나쁘지 않았다

어느 날 발목을 자르고 그 위에 빌딩이 섰다

빌딩은 유리창마다 붉은 등을 켰다

감나무는 늘 한 자리에 서 있다

나무의 슬하

천리향은 냄새로 천 리를 가고
만리향은 냄새로 만 리를 간다
천리마도 나뭇가지로 엉덩이를 쳐야 간다
나무의 구멍에서 자란 새는
아프리카나 시베리아, 오스트레일리아에 가서 죽는다
새가 날아가는 곳까지가 나무의 슬하이다
수천 수만의 나뭇잎에 반짝이는 햇살
나무의 젖꼭지에서 놀던 안개와 구름
나무의 속을 파낸 목어가 키운 바람은 몇천 년을 오고 간다
나무는 움직인 적이 없으나
가지 못하는 곳이 없다

제4부

모퉁이에 달맞이꽃이 피어 있는 약국

여기저기 아파서
약국에 들렀다
가깝지도 그렇다고
멀지도 않은 사이

유통기한이
다 됐네
이것 좀 드셔봐

유통기한이
아직 한참이나 남은
영양제 한 통

빛나지도 그렇다고
없지도 않은
희미한 낮달 같은

숲속 책방

산골 마을에 책방을 열었다
책 한 보따리 만한 두어 평에
소일 삼아 텃밭을 일구고
배추 모종을 얻어다 심었다
처음 보기에 듬성듬성했던 것이
자라기 시작하자 쏘물다
어깨들끼리 멱살잡이다
바람이 싸움을 말려보지만
잘 통하지 않는다
온갖 벌레들이 숨기에 좋다
벌레들이 배추 잎을 갉아 먹는 소리가
책 읽는 소리 같기도 하다
약두구리 텡쇠 병추기 물컹이
지나가는 할매들한테 남세스럽다
약 안 치면 못 묶는다는데
조금은 미안한 일이어서
쭈그리고 앉아 벌레를 잡는다
잡으려다 또 미안해져서

그냥 이름이라도 찾아서 불러본다
달팽이 대고둥 산민달팽이
노린재 산바퀴 배추흰나비 팔랑나비
섬서구메뚜기 각시메뚜기 청솔귀뚜라미
깡충거미 넓적배사마귀 청개구리
나의 친근한 벌레들
텃밭에 생물 도감이 꽂혀 있다

김목신 씨

고성에서 마산 가는 길가에
네 아름 푸조나무 한 그루
넘어질 듯 서 있다
남해 바다 바람과 안개
벌레와 새가 쏠아 텅 빈 몸속에
아름드리 느티나무 품고 산다
암수한몸 자웅동주여서
제 그림자를 보면서 꽃 피우기를
사오백 년 살았다
나무의 셈법으로는 아직 청춘이지만
인간의 셈법으로는 어르신이다
나무는 오래되면 신령이 생겨서
절을 받고 제사를 받는다
어느 날은 인간으로 강림하여
성은 김이요 이름은 목신을 받고
두어 마지기 땅의 지주가 되어서
세금도 낸다
고성에서 마산 가는 길가에

신이 된 나무, 인간이 된 신

김목신 씨 서 있다

달의 뒷면

달이 쏟아지지 않게 버티는 힘
달빛에 마음이 델 때도 있고
달빛에 물들고 젖을 때도 많았지만

파도가 여차 여차 여기까지만
발목까지만 적시고 돌아가는 흰 뒷모습
아무도 본 적이 없으나 언제나 있는 것
구멍 숭숭한 가슴으로
뒷모습을 조용히 지켜봐주는 사람처럼
희거나 검은 실루엣 같은 것이 있다
날아가는 새가 떨어지지 않도록 산이 떠받친다
새의 아랫면 같은 검은 그림자
폭포가 희고 곧게 떨어지도록
송연히 바라보는 검은 동굴 같은 눈동자
지상의 모든 나무보다
더 넓고 더 많은 발목 아래의 생이
붙잡고 있는 깊은 어둠
무게중심은 늘 뒤에 있다
뒤편의 힘

세상에 이런 일이

세상에 이런 일이라는 프로였는지
떠돌아 다니는 영상이었는지 아무튼
아프리카의 한 노인이 퓨마에게 먹이를 주며 흐뭇하고
짐승은 게걸스럽게 먹고 있다
노인은 퓨마가 큰 고양이인 줄 알았다
북미의 어린아이가 불곰에게 먹이를 주는데
아마도 아이는 불곰을 강아지로 알았나 보다
서로 두려움이 없었기 때문일까
깊은 밤길을 가도 짐승들이 해치지 않는 사람이 가끔 있
다는데
동족이거나 풀과 나무로 대해서일까
사랑이 가득한 마음으로 가지만
새들은 더욱 깊이 숨고
나무 잎사귀들도 발톱을 세운다
심지어 달팽이도 전속력으로 도망간다

탑

이제 눕고 싶어요
무릎을 좀 주세요
괜찮겠지요
쓰러지고 싶어요
무겁지는 않을 거예요
비바람에 몸은 이미 풍화되어
다 날아갔어요
당신이 보는 것은
폐사지의 허깨비일 뿐
이제 쓰러지고 싶어요
손길에 닿자마자
먼지처럼 사라지겠지요

평형

한 수행자가 매에게 쫓기는 작은 새를 숨기고는
매에게 새를 살려주라고 꾸짖었다
매로 태어난 것을 어쩌라는 말이오
굶주려 지금 잡아먹지 않으면 죽게 될 것이니
그 새를 내주든지 그 새 무게만큼의 날고기를 주시오
그렇게 하겠노라 약속하고 수행자는
제 몸을 베어 살점을 저울에 올렸으나
아무리 베어 달아도 작은 새만큼의 무게가 되지 않았다
어쩔 수 없이 자기가 직접 저울에 올라가보았는데
그제서야 저울이 평형을 이루는 것이었다
이해할 수 없는 일이다
약속은 천금 같아 매에게 자신을 잡아먹으라고 했다
그런데 매도 작은 새도 어디론가 사라지고
피가 흐르던 수행자의 몸도 원래대로 돌아왔다
어느 나라의 설화라고 한다

매는 작은 새를 노리고 나는 매를 노려본다

불일폭포

떨어지는 물은 머물 곳이 없다
하늘 한 자락
제 몸 한 줌 비출 웅덩이도
마련하지 않는다
가진 것이 아무것도 없어
아무런 두려움 없이 떨어진다
떨어질 뿐이다
이 계곡의 모태신앙은 소리이다
그러므로 폭포는 소리의 창시자
폭포의 슬하를 자처하며
가끔은 명창 흉내를 내는 것들도 있었지만
완창을 들어본 이는 아무도 없다
시작도 없고 끝도 없는 소리
소리는 어디에도 가둘 수 없다
안개처럼 구름처럼 자욱한 찰나
떨어지는 물의 찰나
소리뿐이다
소리는 이 산의 가장 높은 곳

가장 깊은 곳에서 자라나

몸과 정신을 관통했다 그러므로

폭포는 힘이 세다

하늘까지 오를 수 있고

바다까지 닿을 수 있다

때로는 못난 것들이 바위를 쪼아

제 이름을 새기기도 하고

푸른 물고기가 폭포를 타고

하늘로 올라가기도 하였는데

구름과 안개에 가려서 본 이는 아무도 없다

겨울이 오면 폭포는

소리의 힘줄을 냉동시킨 채

맹렬하게,

아무것도 하지 않는다

우포늪에서 온 엽서

우포늪에 보내온 엽서 속에
버드나무 숲은 노을에 안겨 검게 서 있고 알 듯 말 듯
받아들이지도 밀어내지도 않는 수평의 힘이라고 써 있다
우리가 던진 모진 돌멩이 같은 말들
닿기도 전에 이미 풀어 헤쳐져 물풀이 되었거나 물안개로
번졌을까
언젠가 빠뜨렸던 사랑한다는 말도 아직 닿지 않았고 닿을
곳도 없구나
쭈볏거리던 맹렬한 여름을 지난 늪
이제 여린 달빛에도 윤슬이 빛날 만큼 성글어졌다
엽서를 물고 온 버들붕어의 혼인색이 옅어졌다 늪의 물색
을 알겠다
먼 남국에서는 겨울 철새들이 깃털마다 엽서를 붙이고 있
겠다
허공의 모서리를 뭉개고 돌아다니는 늙은 바람, 같은 물
새들
멀리 가로등이 꺼진다 지구가 켜진다
푸른 반딧불이가 상처난 밤을 기워가며 이리저리 나부낀다

물새 같은, 늙은 여자 같은 낡은 동어반복

수억 년 새로운 동어반복을 용서하시라

그럼 이만, 별이 총총

가라산 코끼리 바위

바위는 영원에 가까운 동물이다

거제도 가라산 능선에 코끼리 바위 하나

금세 코를 들어 올릴 것 같은 자세로

암릉에서 앞발이 걸어나오다 잠깐 멈춰서 있다

뜨거웠던 시절 푸른 초원이었던 소금 바다를 보고 있다

형상과 크기가 비슷하여 코끼리 등신불로 불린다

아무것도 하는 일 없이 서 있기만 하는데

인간들의 순례는 끝이 없다

이곳에서는 사방에 모난 곳이 보이지 않는다

움직이지 않음으로 헛디딜 일도 없다

움직임이 없으니 아무도 경계하지 않는다

혼자 있으므로 누구와도 다툴 일이 없어 보인다

안개와 먼지를 불러 모아 이끼들을 먹이고

천 개의 부처손과 일엽초 같은 족속들에게 옆구리와 발목
을 내어준다

바다가 초원이었을 때의 언어를 사용하므로 아무도 알아
듣지 못한다

하루에 십만 번 뛰는 인간의 심장으로는

바위의 숨소리도 맥박도 느낄 수 없다

십만 년에 한 번 숨을 내뱉는 코끼리의 설법을 어떻게 알
아들을 수 있겠는가

기다린다는 것은 살아 있다는 것

소금 바다가 초원이 될 때까지 움직이지 않는다

바위 속에 시간을 삼키고 시간의 주인이 된 자

시간에 쫓기지 않으니 두려운 게 없다

코끼리 한 마리 납빛 바위로 서 있다

은어는 돌아오지 않는다

결국 나는 자본주의로 개종했다
은빛 주둥이를 꾹 다문 복화술로
어서 오세요 싱싱한 몸 있습니다
수족관에서 칼을 기다리며
식감을 위해 살은 더욱 단단해진다
향기는 수박에 가까워 더욱 달다
한때는 미지의 바다를 탐험하며
꼬리지느러미로 세상을 마음껏 비웃었다
가지 못할 곳이 어디 있었겠는가
물색이 바뀌어 강을 거슬러 올랐을 때
결국 나는 생업으로 귀향했다
어떤 이는 그것이 운명이라고 했고
하릴없이 던지는 물수제비는
언제나 건너편 언덕에 닿지 못했다
은빛 지느러미는 폐가의 낡은 사진으로 박아두고
이 강의 섬섬하고 옥수 같은 몸매를
패배의 기쁨으로 바치니
흠향하시라

바닷가 독수리 식당

겨울은 하늘부터 굶기 시작한다
남의 주검을 먹고 사는 독수리 한 마리
죽음에 가까운 오후의 햇살을 받으며
잿빛 망토를 늘어뜨린 채 갯벌에 우두커니 서 있다
얼어붙은 몽골 초원에서 찾아온 대륙의 끝
따뜻한 남쪽 나라도 굶어 죽기 좋은 곳
차가운 밥이라도 한 그릇 하거라
정육점에서 사 온 고기를 날카로운 발톱 아래 던져둔다
차가운 고기가 몸을 데웠는지
이틀을 먹고 고개를 주억거리고
사흘을 먹고 나흘째 되던 날
차 문을 열자 독수리가 쿵쿵 뛰어왔다
다음 날에는 무리에 섞여 훨훨 사라졌다
무리를 이끌고 찾아오는데
서로를 알아보지 못하니 다행이다
간판도 벽도 지붕도 없는
겨울 바닷가 독수리 식당
달을 따라 썰물 지면 생기는 비정규직 식당
따뜻한 밥이나 한 그릇 하고 가라

기수역에서

강의 가장 낮은 곳이자
바다의 가장 높은 곳 기수역
민물과 짠물이 뒤섞이는 이곳은
갯것들과 뭍것들의 환승역이다
도요새역 콩게역 기수갈고둥역 망둥어역
족속별로 기차역이 있을 법한데
아직 역세권 개발 소식은 듣지 못했다
바다인지 강인지 알 수 없는 모호한 곳
기수역에서 출발한 안개 기차는
허연 증기를 쉬익쉬익 뿜으며
소상하는 물고기 떼와 강하하는 물고기 떼를 실어 나른다
간혹 궤도를 이탈하거나 탈선한 기차는
물속이나 하늘로 추락하여 흔적도 없이 사라진다
기수역은 이른바 강과 바다의 최전선
전장의 포연 같은 자욱한 안개 때문에
집으로 돌아가지 못하는 것들이 많아지자
강과 바다는 갯벌을 비무장지대로 삼아
평화 협정을 맺기로 했다

질퍽하고 펑퍼짐한 가슴으로는

아무것도 죽일 수 없다는 것을 터득한 것이었다

거제 노자산

하릴없이 먼 데서 산을 본다

서쪽에서 보면 소의 모습인데

남쪽에서 보면 누워있는 부처상이다

동쪽에서 보면 흰 부리, 검은 날개의 새와 같고

안개 피는 날은 큰 고래 한 마리 떠 있다

어느 맑은 날

지리산에 올라서서 보니

먼바다에 잔물결 한 줄기 고요하다

풀잎의 사전, 새의 문장 : 생명적 상상력

김하기

　원종태 시인과의 인연은 묵은 씨된장의 깊은 향처럼 오래되었다. 대학 동아리 10월문학회에서 그가 직접 타이핑해 만든 자선 시집 『찔레순처럼』을 내놓던 시절부터 나는 그의 시세계를 눈여겨보았다. 그 당시 이미 그의 시 속에서는 찔레꽃의 색과 섬세한 내면성이 탁월한 언어로 드러났다. 문청(文青) 시인이 머금은 웃음 속에는 그 꽃이 지닌 수줌음, 고독, 그리고 고고한 품격이 배어 있었다.

　세월이 흐른 뒤에도 그의 품성은 흔들리지 않았다. 도시의 소음을 등지고 고향 거제로 돌아가 환경운동가이자 생명 시인으로 자기 자리를 묵묵히 지켜온 행보는, 그가 여전히 시를 삶의 주변이 아닌 중심으로 삼고 있다는 사실을 증명한다. 거제라는 공간 또한 그의 시적 감수성을 더욱 성숙하게 만들었다. 청정 지역으로 유명한 이 섬에는 멸종위기 1급 수달과

남방동사리를 비롯해 희귀 식물과 다양한 야생 생물들이 공존하며 고유의 생태계를 유지하고 있다. 자연과 생명의 질감이 고스란히 살아 있는 장소에서, 그의 시가 더욱 정밀해지고 깊어지는 것은 자연스러운 귀결이다.

이번 4집은 3집에 이어 그의 고향에 자생하는 생물들을 총체적으로 담아낸, 말 그대로 '생물도감'이라 할 만한 시집이다. 그의 1집부터 4집까지의 궤적을 따라가다 보면, 자연을 향한 그의 언어는 점점 더 성숙해지고, 시적 세계는 불경의 구절처럼 넓어지며 깊어지고 있음을 확인하게 된다. 이는 그가 생을 시와 분리하지 않았기 때문이며, 자연을 대상화하지 않고 '함께 존재하는 것'으로 바라보아온 그의 오랜 태도가 만들어낸 결실이기도 하다. 그야말로 시 한편 한편이 주옥같은 자연의 보석들로 그의 생물도감을 완성하고 있다.

공자의 물음에서 시작하는 시의 근원

『논어』「양화(陽貨)」편에서 공자는 제자들에게 단호하게 묻는다. "너희들은 왜 시를 배우지 않느냐?" 이 질문은 단순한 학습 권유가 아니라, 시라는 형식이 인간을 어떻게 변화시키는가에 대한 통찰을 전제한다. 공자는 '시가 흥을 돋우고, 사물을 세밀하게 관찰하게 하며, 사람들과 조화를 이루게 하고, 때로는 억눌린 감정을 표출하게 하며, 나아가 부모와 임금을 섬기는 마음을 바르게 한다'고 말한다. 그리고 마지막에 다음과 같이 시의 본질을 규정한다. "시는 새와 짐승, 풀과 나무의 이름을 많이 알게 한다(多識鳥獸草木之名)."

'조수초목의 이름을 많이 안다'는 것은 자연을 이해하고 존중하고 사랑하는 것을 의미한다. 따라서 시는 자연이 우리에게 들려주는 언어를 인간의 말로 번역하는 가장 오래된 인식의 기술이며, 자연과 인간 사이를 잇는 소통의 통로라는 것이다.

원종태의 『시로 쓴 생물도감』은 이러한 고전적 가르침에 대한 현대적 응답으로 읽힌다. 그의 시는 생물학적 분류를 나열한 사실적 기록이 아니라, 생명으로부터 직접 언어를 배우고 자연의 호흡을 인간의 말로 옮기는 행위이다. 새와 짐승, 풀과 나무를 관찰의 대상으로 고정시키지 않고, 그들과 교감할 가능성을 열어두며 세계의 숨결을 '듣는' 태도 ― 이것이 『시로 쓴 생물도감』이 보여주는 가장 돋보이는 미덕이다. 시인은 이 시집에서 시가 어떻게 자연과 소통하며, 언어가 어떻게 생명의 감각을 회복시키는지를 조용하지만 단단한 어조로 말하고 있다.

시집은 네 개의 부로 구성된다. 1부는 새에 관한 탐구, 2부는 동물로 범주를 확장하고, 3부는 식물도감, 4부는 결국 '인간'으로 귀결된다. 이러한 구성은 이전 3집에서도 시도되었으나, 이번 시집에서는 분류 체계가 더욱 명료해지고, 자연을 구성하는 생명들 사이의 위계와 연관성이 더 선명하게 드러난다. 즉, 『시로 쓴 생물도감』은 관찰의 범위를 자연 전체로 확장하면서도 인간을 그 생태적 연속선 위에 위치시키고, 자연과 인간 사이의 오래된 단절을 시적 언어로 치유하고 재구성한다.

새의 언어로 기록된 존재의 정지와 세계의 숨결

1부의 문을 여는 시 「작은 도서관」은 이 시집 전체의 문제의식을 제시한다. "딱새 부부가 작은 도서관 도서반납함에 둥지를 틀었다." 새가 유치원 우편함이나 도서관 반납함에 둥지를 트는 일이 간혹 있다. 이럴 경우 인간은 어떻게 조치를 해야 할 것인가? 새를 그 구멍에서 끄집어내고 본래의 기능을 회복할 것인가? 아니면 오히려 지렁이를 잡아주며 보호하고 키워야 할 것인가? 도서반납함에 둥지를 튼 딱새 부부를 본 시인은 '차라리 모르는 것이 도와주는 것/무심함이 새를 잘 키울 수도 있다"고 역설한다. '지켜주겠다'는 인간의 섣부른 배려보다 차라리 무심함이 날아온 생명을 더 잘 품을 수 있다는 생태적 성찰에 이르게 된다.

이어 등장하는 시 「동박새 한 마리가 지구를 멈춘다」는 1부 전체의 영혼이자 시집 전체의 윤리적, 철학적 심장부로 자리한다. 우리는 길 위에 떨어진 새와 자주 조우한다.[1] 차가 씽

---

1 필자도 두 달 전 길 위에 떨어진 어린 새(직박구리)를 주워서 지금까지 집 베란다에 키우고 있다. 나를 보고 잔 날갯짓을 할 때 한 생명의 떨림을 느끼곤 한다.

씽 달리는 도로 위에 떨어진 동박새를 바라보는 순간 멈춘 것
은 자동차가 아니라 '문명의 속도'다.

> 손 한 모금 크기밖에 되지 않는 동박새
> 얄궂은 새 한 마리가 가끔은
> 지구를 멈추기도 한다

한 생명의 떨림이 세계의 흐름을 일시적으로 멈추게 하
고, 그 순간 인간의 양심이 깨어난다.동박새를 치지 않기 위
해 자동차가 일제히 멈추는 순간의 컷은 이 시집 전체의 윤리
적 감각을 상징하는 결정적 장면이 된다.

「뻐꾸기는 왜 아프리카로 날아가나」는 지구의 자전과 계
절의 순환이 새의 몸을 통해 기록되는 장면이다. 뻐꾸기는 단
순한 철새가 아니라 '지구의 기억을 운반하는 존재'이며, 그
비행 자체가 생명의 기원을 향한 순례로 읽힌다. 시인은 경도
의 여정을 통해 존재의 원초적 회귀를 사유한다.

「숲새」, 「칼새」, 「호랑지빠귀 우는 밤」 등 실존적 울림이 강
한 시편들은 생명과 고독, 상처의 정서를 서로 다른 결로 보
여준다.

생명과 무생물의 경계에 대한 탐구는 「바위를 품는 새를
보았다」에서 정점에 이른다. 돌을 품는 새의 이미지가 모성과
창조의 메타포로 전환되며, 시인은 우주의 순환을 한 마리 새
의 행위에 정교하게 투사한다. 이어지는 「굴뚝새」는 가난한

시절의 기억을 한 마리 새로 불러오며, 삶의 온기가 굴뚝의 연기처럼 되살아나는 순간을 포착한다. 자연은 곧 인간의 기억이며, 새는 기억의 안내자다.

생명의 연속성을 다루는 후반부 시들 ―「새를 심었는데 꽃이 피었다」, 「조류충돌」, 「흰눈썹황금새의 탄생」― 은 존재의 생성과 소멸을 서로의 거울로 삼는다.

「흰눈썹황금새의 탄생」은 노동과 생명이 숲속에서 얽히는 순간을 부각시키며, 생계의 시간마저 존재의 신성으로 끌어올린다. 생명의 빛이 어둠을 뚫고 솟는 장면은 1부의 종결을 환하게 밝힌다.

「성 프란치스코의 새」는 이 존재론적 성찰을 신앙의 차원으로 확장한다. 시인은 성 프란치스코의 전통을 소환하여, 새를 '하느님의 피조물'로서 인간보다 먼저 깨달음의 자리에서 노래하는 존재로 그린다. 자연과 신앙의 경계를 넘나드는 이 시편은 생명을 향한 경외와 영적 감수성을 동시에 환기하며, 시적 세계를 한층 깊게 만든다. 「독수리의 부고」에서는 객사한 독수리의 혼령이 구원에 이르는 비상을 보여주는데, 하늘과 땅의 경계를 잇는 장엄한 죽음을 통해 생명의 순환과 초월의 여정을 서사적으로 묘파한다. 거대한 새의 객사는 자연의 영적 질서를 드러내며, 죽음을 소멸이 아닌 새로운 생명의 부활로 해석한다.

시인이 이처럼 새들의 비상에 천착하는 모습을 보고 문득 외경인 「도마복음서」에서 예수가 한 말이 떠올랐다. "'천국이 하늘에 있다면 새들이 너희들보다 먼저 천국에 도착할 것이다." 1부에 등장하는 각종 새들은 관찰 대상이라기보다 인간의 어긋난 행위와 윤리를 다시 정렬하게 만드는 구원적 존재들이다. 시인은 새들의 울음과 침묵, 추락과 비상을 통해 존재의 전모를 예리한 시선으로 읽어내어 탁월한 생명의 언어로 환원하고 있는 것이다.

일보일배의 세계: 느림 속의 생명 예배

2부는 인간과 자연의 관계를 '느림'이라는 렌즈를 통해 탐구하는 장이다. 시인은 생물도감이라고 할 만한 다양한 생명들을 관찰하며, 그 속에서 반복과 순환, 그리고 생명의 윤리를 포착한다. 여기서 느림은 단순한 속도의 문제가 아니라, 존재와 사유의 근본적 태도를 드러낸다. 작은 생명을 바라보는 시인의 시선은 인간 중심적 시간에서 벗어나 세상을 다르게 읽는 새로운 감각과 윤리적 성찰을 요구한다.

시인은 한국의 '빨리빨리' 문화에 경종을 울리듯 2부 첫 세 편의 시의 주인공을 달팽이로 선정했다. 「일보일배 일체투지」, 「달팽이 성자」, 「충무띠달팽이」에서 달팽이는 그 느린 몸짓 속에 내적 명상과 수행의 의미를 담기에 '숲의 지키미', '성자', '충무'라는 이름을 부여받는다. 달팽이의 느림 속에서 발견되는 생명의 사유는 다른 생물들을 통해 확장된다. 「도토리거위벌레의 낙법」은 어미의 본능과 자연의 지혜를 그린 시로,

낙하하는 도토리에 자신의 알을 맡기는 장면을 통해 생명의 기술과 헌신을 시적으로 형상화한다. 「늦반딧불이」는 어둠을 두려움이 아니라 '빛을 켜는 조건'으로 보는 시인의 사유를 보여준다. 어둠 속에서만 빛날 수 있는 생명의 진실이 반딧불이의 작은 불빛으로 드러난다.

「수달 천년」은 불교적 윤회의 구조를 가진 서사시인데, 생명의 연속성을 되살리고 인간의 속죄와 깨달음을 함께 묘사한다. 천년 전 승려 혜통은 "수달 한 마리를 잡아먹고는 뼈를 동산에 버렸다. 이튿날 아침 그 뼈가 없어졌다. 핏자국을 따라갔더니 그 뼈는 옛날에 살던 굴속으로 들어가 새끼를 끌어안고 웅크리고 있었다. 그것을 바라보고는 한참 동안 놀라워하고 머뭇거리다가 마침내 속세를 버리고 출가하였다." 그리고 천년 후 화자는 로드킬을 당한 어미 수달의 시체를 본다.[2] 도로 바닥에 쥐포처럼 납작하게 된 수달의 몸에는 젖을 물린 자국이 찔레꽃처럼 붉게 나 있었고 그 앞에서 자동차들이 "어머니들에게로 유턴"한다는 내용이다. 여기서 자동차는 문명, 효율, 경쟁, 속도이며, 요컨대 현대 세계의 폭력성을 상징한다. 시인 화자는 어미 수달의 죽음을 보고서야 승려 혜통이 출가를 했듯이 그나마 속인들도 차를 유턴할 만큼 생명에 대한 최소한의 윤리적 각성을 한다는 것이다.

---

2 거제도는 천연기념물인 수달의 최대 서식지로 동부면에는 수달생태공원이 있으며, 실제로 운전 중에 로드킬로 죽은 수달 사체를 본 목격담이 언론과 인터넷 등에 많이 올라오고 있다.

「고라니 눈에 찍히다」, 「인자한 고양이 씨」, 「연목구어」에서는 고라니의 시선 속에서 인간은 관찰당하는 존재로, 고양이는 비살육의 신선으로 그려진다. 이러한 전도된 시선은 인간의 권력과 시선을 자연 앞에서 재구성하며 윤리적 자각을 촉발한다.

원종태 시인은 느림을 통해 생명의 진정성을 기록한다. 「물고기 풍경」과 「덤붕」 속 물고기의 눈과 눈물, 논의 숨구멍에서 이어지는 생명의 호흡은 인간이 얼마나 서두르는지와 상관없이 세상의 리듬을 지키는 힘이 무엇인지를 보여준다. 속도와 효율이 지배하는 세상 속에서, 깊은 느림은 생명을 이해하고 공감하는 유일한 방식이며, 세상을 구하는 진정한 힘임을 시인은 조용하지만 단호하게 증명한다. 난 느림 속에서 모든 생명을 껴안는 2부의 시들이 원종태 시인이 평소 품고 있는 생명에 관한 윤리와 철학을 가장 충실하게 담아낸 장이라고 본다.

식물도감: 생명의 뿌리에서 인간의 내면까지

3부 「식물도감」은 원종태 시집에서 식물과 자연의 이미지를 통해 인간 존재와 생명의 철학을 탐구하는 장이다. 시인은 생물에서 식물을 통해 존재와 시간의 관계를 재정의하는 사유의 자리로 독자를 안내한다. 풀과 나무, 꽃과 씨앗은 동물들의 배경이나 장식이 아니라, 세계를 이해하고 인간 내면을 비추는 상징적 존재로 기능한다. 이 장에서 시인은 생명의 이름을 빌려 인간의 운명과 윤리를 탐구하며, 자연과 인간이 서로를 구성하는 존재론적 공명을 드러낸다.

「나도수정초」는 선녀와 나무꾼의 전설을 빌려 쓴 시인데, 천상의 종족이 지상에서 날개를 잃는 비극적 장면을 통해 승천과 적응 사이의 갈등을 보여준다. 선녀의 이상향과 나무꾼이 사는 개똥밭을 대비시켜, "사랑은 스스로 점점 퇴화하는 일"이라는 생태적 슬픔의 핵심 명제를 이끌어낸다.

이어 「해당화」와 「흰진달래」는 인간의 감정과 자연의 질서를 은유적으로 교차시키며, 생존과 저항의 윤리를 질문한다. "당신은 무슨 깃발 아래서 싸우나요"라는 물음은 꽃에게조차 인간적 윤리를 부여하며, 피와 행위의 의미를 재고하게 한다.

「바람꽃」에서는 존재의 무소속성과 유동성을 강조한다. 바람처럼 머물지 않는 생명의 본질을 포착하며, "떨림만으로 짐작할 뿐"이라는 구절은 존재의 미세한 리듬과 순간적 감각을 정확히 집어낸다. 「음의 나무」와 「물매화의 사랑법」은 인간의 내적 감각과 자연의 음성을 연결하며, 음지와 양지, 존재와 비존재 사이의 균형을 탐구한다. "가시 하나 없는 나무가 음나무라니"라는 아이러니는 늙음의 품격과 생의 전략을 담은 선언으로, 생태적 사유와 존재론적 통찰을 동시에 보여준다.

「감꽃」과 「단풍」은 개인적 기억과 시간의 흐름을 자연 이미지와 교차시켜, 삶의 덧없음과 아름다움을 동시에 드러낸다. 단풍의 낙엽은 소멸이 아니라 변신이며, 계절의 순환과 인간 존재의 귀환을 상징한다. 「꽃삽」에서는 인간의 노동과 수행이 식물과 연결되며, "혼자서 희게 피고 검게 진다"라는 구절은 외로운 창조의 고행과 존재의 형이상학적 성찰을 보여준다. 「음지를 사랑한다」는 시인의 생태적 윤리 선언으로, "쓰러질 때까지 기다리기로 한다"는 기다림의 미학과 자연에 대한 신앙적 태도를 드러낸다.

「연꽃씨 한 알」에서는 천 년의 시간을 뚫고 피어난 생명의 신비가 담기며, 존재의 기억과 영혼의 연속성을 상징한다. 「괭이눈」과 「가는잎그늘사초」, 「물매화의 사랑법」은 도심과 그늘, 사랑과 무집착을 통해 생명의 미세한 결을 포착한다. 마지막으로 「감나무 빌딩」과 「나무의 슬하」는 문명과 자연의 겹침 속에서도 존재의 근원을 증언하며, "나무는 움직인 적이 없으나 가지 못하는 곳이 없다"라는 시구는 생명의 확장과 내적 힘을 선언한다.

「나도수정초」에서 「나무의 슬하」에 이르기까지, 시인의 관찰과 사유는 정직한 것이며 존재와 시간 사이의 긴밀한 연결을 시적 언어로 완결시킨 생태적 사유의 결정체라고 자연의 법정에서 증언할 수 있다.[3]

---

3 개인적으로 필자는 거실에 화분 20여 개를 키우고 있는 데다 암자 밑에 조그만 텃밭을 가꾸고 있기에 원종태 시인의 3부의 시에 공감할 수밖에 없다. 한 그루 나무, 한 송이 꽃을 매개로 생명의 존엄과 소멸의 품위를 탐구하고, 자연과 인간을 하나의 존재론적 생태계로 엮어낼 때마다 절로 고개가 끄덕여진다.

인간의 길: 생명과 존재의 교감

4부의 시편들은 인간과 자연, 현실과 환상, 일상과 초자연적 상상을 유기적으로 결합한다. 앞선 1, 2, 3부가 새, 동물, 식물의 생태를 통해 '살아 있음'을 탐구했다면, 마지막 장은 그 생명을 품은 인간의 영혼이 자연의 질서와 어떻게 화해하는가를 성찰한다. 시인은 인간을 자연의 일부로 위치시키며, 생명과 존재, 윤리와 미학이 교차하는 장을 시적으로 확장한다.

「모퉁이에 달맞이꽃이 피어 있는 약국」에서는 문명의 끝자락에서 자연의 은혜를 다시 배우는 인간의 태도를 관찰한다. '유통기한이 다 된 약'과 '낮달 같은 빛'은 인간 존재의 덧없음과 자연의 영속성을 대비시키며, 치료의 공간이 오히려 생의 허무를 조용히 봉합하는 장소로 변모한다. 이어 「세상에 이런 일이」는 인간과 짐승의 관계를 풍자와 연민으로 엮어, 자연 질서 속에서 인간의 무지와 오만을 성찰하게 한다. "심지어 달팽이도 전속력으로 도망간다"라는 구절은 인간 중심적 사랑이 생태적 균형을 흔들 수 있음을 날카롭게 지적한다.

「숲속 책방」은 이 장의 정신적 중심축으로, 시인은 '책방'과 '텃밭'을 병치하며 자연을 텍스트로 읽는 생태 시학의 핵심을 보여준다. "벌레들이 배추 잎을 갉아 먹는 소리가/책 읽는 소리 같기도 하다"라는 구절은, 인간의 앎이 지배가 아니라 생명과의 교감과 존중으로 전환될 수 있음을 증언한다. 「달의 뒷면」은 눈에 보이지 않는 세계의 힘, 즉 존재의 숨은 균형을 드러낸다. 달빛과 그림자, 폭포와 동굴, 새와 산의 상호 의존을 통해, 시인은 밝음만이 아니라 어둠 속의 윤리와 존재의 무게를 포착한다.

「김목신 씨」는 신화와 현실의 경계를 허물며 인간과 신, 나무와 인간 존재의 상호성을 탐색한다. "신이 된 나무, 인간이 된 신"이라는 구절은 시집 전체의 인류학적 사유를 압축한다. 「탑」에서는 폐허 속에서도 남는 생명의 존엄을 보여주며, 절망 속에서 존재의 의연함과 순리를 체험하게 한다. 「평형」은 생명 간의 윤리적 상호성을 불교적 업과 수행의 시학으로 풀어, 매와 작은 새, 수행자의 몸무게가 이루는 균형을 통해 독자를 존재론적 성찰로 이끈다.

「불일폭포」는 4부의 시적 절정이다. 폭포의 물은 "떨어지는 물은 머물 곳이 없다"에서 떨어지기 시작해 "가진 것이 아무것도 없어/아무런 두려움 없이 떨어진다"로 끝나는 시적 서사는, 저항시인 김수영의 시 「폭포」에서 "폭포는 곧은 절벽을 무서운 기색도 없이 떨어진다."는 구절을 연상케 한다. 존재의 완전한 비움과 순수한 운동을 찬미하며 사회적 현실에 대응하는 시인의 태도를 보여준다.

「우포늪에서 온 엽서」에서는 인간과 자연, 강과 바다, 과거와 현재가 유연하게 교차하는 서정적 풍경을 제시하며, 인간과 자연의 공존과 경계의 의미를 성찰한다. 특히 「기수역에서」는 제3집의 시 「갯게론」처럼 강과 바다의 엄격한 경계선

대신에, 대립의 완충지대인 갯벌을 비무장지대로 삼아 비무장 평화를 갈구하고 있다.

「가라산 코끼리 바위」에서는 움직이지 않음 속에서 깨달음과 기다림의 미학을 보여주고, 「은어는 돌아오지 않는다」는 자본주의적 인간 문명의 비극을 은어의 목소리를 통해 풍자한다. 「바닷가 독수리 식당」은 연민과 자비의 시로, 인간이 자연에게 건네는 마지막 참회의 언어를 드러낸다. 이러한 시적 태도는 생명과 인간의 관계를 재정립하며, 인간 중심적 사고에서 벗어나 생태적 윤리와 순환적 사유를 제시한다.

결국 4부는 인간과 자연, 존재와 윤리, 삶과 죽음의 경계를 탐구하는 시적 기록이다. 시인은 인간의 삶을 생명의 맥락 속에 배치하며, 자연과 인간의 분리를 해체하고 생명과 사랑, 평형의 철학으로 돌아간다.

자연의 언어를 듣는 시적 청음

『시로 쓴 생물도감』을 끝까지 읽고 나면, 자연이 언제나 인간보다 먼저 말을 걸어왔다는 사실이 새삼 선명해진다. 루소가 "인간의 최초의 언어는 노래였고, 최초의 가락은 자연의 목소리였다"고 말한 이유가 여기에 있다. 바람이 먼저 울고, 새가 먼저 노래하며, 나뭇잎이 먼저 속삭이는 세계 속에서, 원종태의 시인의 시는 그 오래된 음성을 되살려 듣는 작업과 다르지 않다. 자연은 감각을 일깨우는 최초의 학교이며, 시인은 그 학교에서 가장 오래 귀 기울인 학생이었다.

이 시집의 시편들은 작은 새 한 마리, 잎사귀의 푸른 칼날, 저녁이면 울음을 머금는 숲의 어둠과 조용히 교섭한 흔적들로 가득하다. 하이데거가 "시인은 존재가 우리에게 말을 거는 방식을 들을 줄 아는 사람"이라 말했듯, 『시로 쓴 생물도감』은 거대한 진리의 선언이 아니라, 미세한 속삭임과 세계의 미묘한 신호를 감지하고 받아 적는 능력에서 비롯된다. 풀잎이 젖는 소리, 새의 비스듬한 날갯짓, 물가의 흔적 — 이 작은 신호들은 존재가 세계를 통해 자신을 드러내는 방식이며, 원종태의 시는 그 모든 목소리를 놓치지 않은 청음의 기록이다.

루소가 자연을 '인간 본성의 거울'로 보았고, 하이데거가 언어를 '존재의 집'이라 불렀는데, 원종태 시인은 이 시집에서 자연과 인간을 서로 성찰하는 거울로 삼고, 새와 동물, 식물의 소리를 인간의 언어로 번역하여 갓 잡아 올린 은어와 같이 싱싱한 존재로 건져 올렸다.

마지막 페이지에 이르면, 독자는 자연에 맞춰 자연스레 속도를 늦추게 된다. 시인이 「동박새 한 마리가 지구를 멈춘다」에서 전한 것은 과장이 아니라, 우리가 잃어버린 감각을 회복하게 하는 자연의 진실이기 때문이다.

『시로 쓴 생물도감』은 느림의 기록이자, 존재가 말을 건 순간을 놓치지 않으려 했던 한 시인의 집중된 귀의 역사다. 독자는 책을 덮는 순간, 자연의 목소리가 여전히 우리를 부르고 있다는 사실을 조용히 깨닫는다. 이처럼 그의 시에는 깊은 울림과 긴 여운이 담겨 있다. 3집에 쓴 추천사는 4집에도 여전히 유효하기에 그때의 마지막 글로 마무리하고자 한다.

"자연을 면밀하게 관찰하는 투시력과 강인한 마음의 내공이 없이는 덧없는 이슬방울조차 이렇게 단단한 금강석으로 벼려낼 수 없을 것이다. 우리의 삶과 세상을 읽어내는 그의 눈길이 미더운 까닭이다. 이 시집을 받아 들고 그가 시를 쓰는 한 거제도는 아름다울 것이라는 생각만으로도 흐뭇하다."

金河杞 | 소설가

푸른사상 시선

시로 쓴 생물도감

원종태 시집